Russisch als zweite Fremdsprache

Конечно! 1

Grammatisches Beiheft

von
Ulf Borgwardt

Ernst Klett Verlag
Stuttgart • Leipzig

Abkürzungen und Symbole

W	Wiederholung	m	maskulin	Nom	Nominativ
NEU	Neues Thema	f	feminin	Gen	Genitiv
R7	Regel	n	neutral	Dat	Dativ
⚠	Beachte!	Sg	Singular	Akk	Akkusativ
		Pl	Plural	Instr	Instrumental
				Präp	Präpositiv

Das russische Alphabet

Druck-schrift	Schreib-schrift	Buchstaben-name	deutsche Entsprechung	Aussprache etwa wie in
А, а	А, а	а	a	*betont:* B**a**hn *unbetont:* k**a**nn, Berg**e**
Б, б	Б, б	бэ	b	*hart:* **B**ad; weich: **Bi**anca
В, в	В, в	вэ	w	*hart:* **w**as, weich: Pa**vi**ane
Г, г	Г, г	гэ	g	*hart:* **G**arten; *weich:* Re**gi**on
Д, д	Д, д	дэ	d	*hart:* **d**och; *weich:* Ra**di**o
Е, е	Е, е	е	je e *nach Konsonant*	*betont:* **je**ne, **je**tzt; *unbetont:* **ji**ddisch *betont:* B**e**tt, B**ee**t; *unbetont:* b**i**tte
Ё, ё	Ё, ё	ё	jo o *nach Zischlaut*	*nur betont:* **Jo**chen Gorbatsch**o**w
Ж, ж	Ж, ж	жэ	sh *immer stimmhaft*	*nur hart:* Eta**g**e
З, з	З, з	зэ	s *immer stimmhaft*	*hart:* **S**ohn; *weich:* Exkur**si**on
И, и	И, и	и	i	**I**gel; *unbetont:* b**i**tte
Й, й	Й, й	и кра́ткое	j	Jun**i**or, Ma**i**
К, к	К, к	ка	k	*hart:* **K**och; *weich:* Ban**ki**er
Л, л	Л, л	эл	l	*hart:* we**ll** *(engl.)*; *weich:* **Li**lie
М, м	М, м	эм	m	*hart:* **M**eer; *weich:* Mu**mi**e
Н, н	Н, н	эн	n	*hart:* **N**ame; *weich:* **ni**e
О, о	О, о	о	o	*betont:* T**o**chter; *unbetont:* k**a**nn
П, п	П, п	пэ	p	*hart:* **P**apa; *weich:* Olym**pi**ade
Р, р	Р, р	эр	r	*hart:* **R**asen; *weich:* O**ri**ent
С, с	С, с	эс	ss *immer stimmlos*	*hart:* Pa**ss**; *weich:* Disku**ssi**on
Т, т	Т, т	тэ	t	*hart:* **T**ante; *weich:* An**tj**e
У, у	У, у	у	u	*betont:* **U**hu; *unbetont:* Uh**u**
Ф, ф	Ф, ф	эф	f	*hart:* **F**oto; *weich:* **Fi**eber
Х, х	Х, х	ха	ch	*hart:* a**ch**; *weich:* i**ch**
Ц, ц	Ц, ц	цэ	z	*nur hart:* **Z**ahn
Ч, ч	Ч, ч	че	tsch	*nur weich:* Deu**tsch**e
Ш, ш	Ш, ш	ша	sch	*nur hart:* Mi**sch**ka
Щ, щ	Щ, щ	ща	sch(t)sch	*nur weich, wie langes sch:* Fri**sch**-**Sch**inken
ъ	ъ	твёрдый знак	–	*kein selbstständiger Laut, vorheriger Konsonant wird hart ausgesprochen*
ы	ы	ы	y	*ähnlich wie in Wirt, mit breitem Mund ausgesprochen; nie am Wortanfang*
ь	ь	мя́гкий знак	–	*kein selbstständiger Laut, vorheriger Konsonant wird weich ausgesprochen*
Э, э	Э, э	э	ä e	*betont:* **Ä**rger *betont:* **E**thik; *unbetont:* b**i**tte, d**ü**nn
Ю, ю	Ю, ю	ю	ju (j)u *nach Konsonant*	*betont:* **Ju**ni; *unbetont:* **Ju**wel *betont:* L(j)**u**ba; *unbetont:* Uh**u**
Я, я	Я, я	я	ja a *nach Konsonant*	*betont:* **Ja**hr; *unbetont:* **j** + kurzes **i** *betont:* tj**a**; *unbetont:* kurzes **i** in b**i**tte

Кафе́ «Плане́та»

§ 1 Das Geschlecht der Substantive

W Im Deutschen erkennst du das Geschlecht (Genus) der Substantive am Artikel: *der* (maskulin), *die* (feminin) und *das* (neutral).

NEU Das Russische kennt zwar **keinen Artikel**, aber die Substantive sind ebenfalls maskulin, feminin oder neutral. Das Geschlecht zeigen die Endungen der Substantive.

R 1 Du erkennst das Geschlecht der russischen Substantive in der Regel an der **Endung** im **Nominativ Singular**. Maskulina haben normalerweise **keine Endung**, d. h., der Auslaut ist ein Konsonant. Feminina enden meist auf **-a**, Neutra überwiegend auf **-o**.
Das Geschlecht stimmt bei russischen und deutschen Substantiven **nicht immer** überein.

Geschlecht	Endung	Beispiel	
maskulin	keine Endung	сосе́д учи́тель чай	der Nachbar der Lehrer der Tee
feminin	-а -я	учи́тельница иде́я	die Lehrerin die Idee
neutral	-о -е	у́тро кафе́	**der** Morgen das Café

Bei russischen Substantiven musst du zusätzlich zwischen **hartem** und **weichem** Stammauslaut unterscheiden. Bei den Maskulina erkennst du den weichen Auslaut am **-ь** und **-й**. Die Feminina auf weichen Stammauslaut enden auf **-я**, die entsprechenden Neutra auf **-е**.

⚠ Das Substantiv ко́фе bildet eine Ausnahme, es ist **maskulin**.

⚠ Für das Geschlecht bei Personen ist nicht die Endung des Substantivs, sondern das **natürliche Geschlecht** entscheidend, z. B. па́па, У́ве (Maskulina); Ка́трин, Сва́нтье (Feminina).

⚠ Für männliche und weibliche Personen gibt es manchmal nur **eine** Form, z. B. касси́р (Kassierer/in), инжене́р (Ingenieur/in).

Merke dir bei Substantiven auf -ь immer das Geschlecht, da sie maskulin (z. B. календа́рь) oder feminin (z. B. Сиби́рь) sein können.

§ 2 Die Grundzahlen 1–10

W Die Grundzahlen bis 10 begegnen dir im Alltag auf Schritt und Tritt, z. B. beim Zählen und Telefonieren, bei Hausnummern, Sportergebnissen, auf Preisschildern und Geldscheinen.

1 оди́н	2 два	3 три	4 четы́ре	5 пять
6 шесть	7 семь	8 во́семь	9 де́вять	10 де́сять

Präge dir die Grundzahlen von 1–10 gut ein.

⚠ Beim Durchzählen wird **оди́н** oft durch **раз** ersetzt: раз, два, три.

⚠ In во́семь, де́вять, де́сять werden unbetontes **-е-** und **-я-** als sehr kurzes [и] gesprochen.

§ 3 Der Nominativ Plural der Substantive

W Du weißt, dass es im Deutschen vier Kasus gibt: **Nominativ**, **Genitiv**, **Dativ** und **Akkusativ**.

NEU Im Russischen gibt es sechs Kasus. Nach dem Nominativ fragst du wie im Deutschen mit кто? *wer?* oder что? *was?*

Nom		maskulin	feminin		maskulin	feminin	neutral
Sg	кто?	тури́ст	ма́ма	что?	журна́л	газе́та	письмо́
Pl	кто?	тури́сты	ма́мы	что?	журна́лы	газе́ты	пи́сьма

R2 Im **Nominativ Plural** wird an den Stamm der Maskulina und Feminina ein **-ы** angehängt, nach **г**, **к**, **х** steht **-и**. Neutra enden im Nominativ Plural auf **-а**.

! Nach **г**, **к**, **х** das **-ы** steht nie, hier schreibe immer nur das **-и**: кни́ги, матрёшки, балала́йки.

⚠ Bei Substantiven mit **weichem** Stammauslaut endet der Nominativ Plural auf **-и** bzw. **-я**, z. B. календа́рь → календари́, чай → чаи́, иде́я → иде́и, упражне́ние → упражне́ния.

⚠ Im Russischen gibt es eine Gruppe von Substantiven, die **unveränderlich** (nicht deklinierbar) sind. Dazu gehören viele Internationalismen auf **-о** oder **-е**, z. B. бюро́, капучи́но, кино́, метро́, ра́дио, фо́то, ателье́, кафе́, aber auch Neutra und Pluralwörter auf **-и**, z. B. такси́, спаге́тти.

§ 4 Die Wortbetonung

письмó (Nom Sg) – пи́сьма (Nom Pl)

R 3 Im Russischen kann die Betonung eines Wortes auf **jeder** Silbe liegen. Sie kann bei allen Deklinationsformen gleich bleiben, manchmal aber auch wechseln. Die betonte Silbe in mehrsilbigen Wörtern wird nur in Lehrbüchern und Nachschlagewerken durch ein **Betonungszeichen** gekennzeichnet.

⚠ Der Buchstabe **ё** (z. B. матрёшка) ist immer betont.

Lerne bei jedem neuen Wort die Betonung mit.

§ 5 Fragen stellen (1)

W Du kannst Fragen von Aussagesätzen mithilfe von Wortstellung, Satzmelodie und Zeichensetzung unterscheiden. Wie im Deutschen gibt es auch im Russischen Entscheidungs- und Ergänzungsfragen.

1. Eine Entscheidungsfrage ist eine Frage ohne Fragewort. Du kannst sie nur mit да oder нет beantworten.

Intonation (Satzmelodie)					
Fragesatz	Это	всё?	Ist	das	alles?
Wortstellung	1	2	1	2	3
Intonation (Satzmelodie)					
Aussagesatz	Это	всё.	Das	ist	alles.
Wortstellung	1	2	2	1	3

R 4 Entscheidungsfrage und Aussagesatz stimmen im Russischen – anders als im Deutschen – in der **Wortstellung** überein. Sie unterscheiden sich nur durch die **Intonation** und die **Zeichensetzung** (Fragezeichen bzw. Punkt). Bei dem Wort, nach dem in der Entscheidungsfrage gefragt wird, wird die Stimme gehoben. Am Ende der Frage wird sie gesenkt.

2. Eine Ergänzungsfrage ist eine Frage mit Fragewort. Sie wird durch eine Information ergänzt.

Intonation (Satzmelodie)				
	Кто э́то?			Э́то На́стя.
	Wer ist das?			Das ist Nastja.
Intonation (Satzmelodie)				
	Как	тебя́	зову́т?	Меня́ зову́т Ко́стя.
Wortstellung	1	2	3	
	Wie	heißt	du?	Ich heiße Kostja.
Wortstellung	1	3	2	

R 5 Das Fragewort leitet die Ergänzungsfrage gewöhnlich ein. Es kann im Russischen auch nachgestellt werden, z. B.: Э́то кто? Die betonte Silbe des hervorgehobenen Wortes wird verstärkt. Am Ende der Frage wird die Stimme leicht gesenkt.

§ 6 Die Wiedergabe von *sein* (Präsens)

W Du weißt, dass das Verb *sein* im Deutschen die Präsensformen *bin*, *bist*, *ist*, *sind*, *seid* und *sind* bildet.

Я Еле́на.	Ты Ири́на?	Кто э́то?	Э́то Макси́м и Ли́за.	Где вы?
Ich *bin* Elena.	*Bist* du Irina?	Wer *ist* das?	Das *sind* Maxim und Lisa.	Wo *seid* ihr?

R6 *Bin*, *bist*, *ist*, *sind* und *seid* **lässt man** im Russischen **weg**.

§ 7 Die Personalpronomen (Nominativ)

W Du weißt, dass du mit den Personalpronomen der 3. Person Singular (*er*/*sie*/*es*) und Plural (*sie*) Substantive ersetzen und so Wiederholungen vermeiden kannst.

	Singular		Plural	
1. Person	я	ich	мы	wir
2. Person	ты	du	вы	ihr/Sie
3. Person	он/она́/оно́	er/sie/es	они́	sie

R7 Die Personalpronomen der 3. Person Singular richten sich nach dem Geschlecht des Substantivs, das sie ersetzen. Stimmt das Geschlecht im Russischen und Deutschen **nicht** überein, wird das Substantiv in beiden Sprachen durch unterschiedliche Pronomen ersetzt, z. B. журна́л → он (*die Zeitschrift* → *sie*), кни́га → она́ (*das Buch* → *es*).

⚠ Anders als im Deutschen verwendet man im Russischen die **2. Person Plural** auch als Höflichkeitsform. Allerdings schreibt man вы *Sie* als höfliche Anrede meist **klein**, nur in Briefen groß.

Всё поня́тно?

1 Übersetze.

а) Bist du das, Tanja?
б) Ja, das bin ich.
в) Und das sind Mama und Papa.
г) Mama ist Lehrerin.
д) Papa ist Lehrer.
е) Wo seid ihr?
ж) Wer sind sie?
з) Was ist dort?

2 Achte auf das Geschlecht. Welches Substantiv gehört nicht in die Reihe? Warum?

а) рестора́н, квас, чай, сала́т, борщ, гуля́ш, Ка́трин, Ви́ктор
б) ма́ма, па́па, сосе́дка, И́ра, Мари́я, одноклассница, иде́я, пи́цца
в) у́тро, метро́, кафе́, ра́дио, ко́фе, ма́сло, я́блоко, кино́, пюре́
г) Ма́ша, Ми́ша, А́ня, Ли́за, Ма́рион, Ульри́ке, Та́ня, Ле́на

3 Lies die Sportergebnisse vor. **Tipp**: Der Doppelpunkt wird nicht gesprochen.

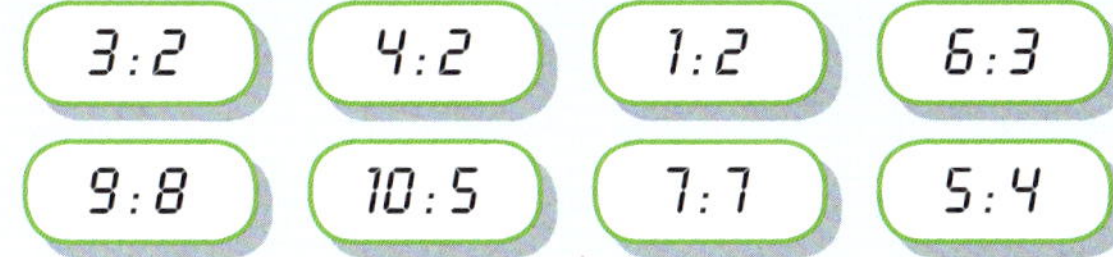

4 **а)** Bilde die Pluralformen der folgenden Wörter und ordne sie nach ihren Endungen.

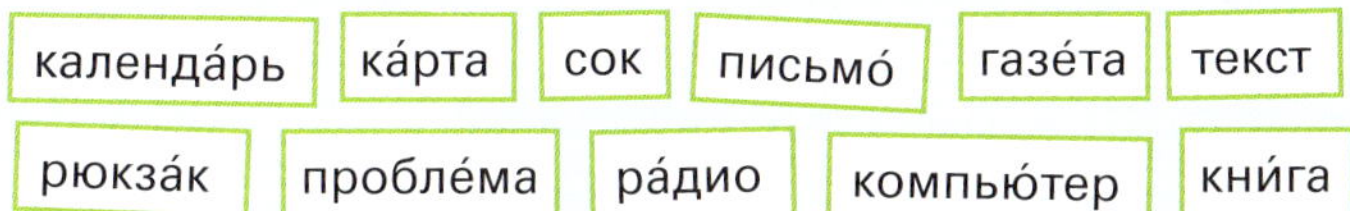

б) Erkläre die unterschiedlichen Bildungsweisen des Nominativ Plural.

5 Übertrage die Tabelle in dein Heft. Ordne folgende Wörter nach ihrer Betonung auf der 1. bis 4. Silbe: Владивосток, мама, мороженое, Новосибирск, очень, самовар, соседка, сувениры, футбол, хорошо, это.

1. Silbe	2. Silbe	3. Silbe	4. Silbe

6 Stelle Fragen.

а) Du möchtest wissen, wie dein Gesprächspartner heißt.
б) Du möchtest wissen, ob dein Gesprächspartner Viktor ist.
в) Du fragst, wer Nastja ist.
г) Du interessierst dich dafür, wo Ira ist.
д) Du fragst, ob das Kwass ist.

7 **а)** Ersetze die Substantive durch ein Personalpronomen:
уро́к, я́блоко, кни́га, журна́л, Интерне́т, систе́ма, моби́льник, сувени́р, такси́.

б) Wende dich mit den Fragen an mehrere Personen. Beachte, dass sich außer den Pronomen auch die Substantive verändern.

Кто ты? | Где я? | Он то́же там? | Где она́? | Ты тури́ст? | Она́ сосе́дка?

▶ Die Lösungen findest du auf Seite 37.

Шкóла № 3

§ 8 Der Infinitiv

W Du weißt, dass der Infinitiv die Grundform eines Verbs ist.

NEU Du erkennst den Infinitiv an der Endung **-ть** (читáть) oder (seltener) **-ти** (идти́).

Infinitiv	Stamm	Endung	
читáть	читá-	**-ть**	lesen
идти́	ид-	**-ти́**	gehen

R 1 Verben mit dem Infinitivstamm auf Vokal bilden den Infinitiv auf **-ть**,
Verben mit dem Stamm auf Konsonanten bilden den Infinitiv auf betontes **-ти́**.

§ 9 Die e-Konjugation (Präsens)

W Du weißt, dass Verben konjugiert werden und ihre Personalformen unterschiedlich sein können.

NEU Im Russischen gibt es zwei Konjugationen, die **e-Konjugation** und die **и-Konjugation**.
Sie unterscheiden sich durch den Vokal in der Endung der konjugierten Formen.
Du lernst zuerst die **e-Konjugation** kennen.

		stammbetont		endbetont	
		читáть	**lesen**	**идти́**	**gehen**
Singular	1. я	читá **ю**	ich lese	ид **ý**	ich gehe
	2. ты	читá **ешь**	du liest	ид **ёшь**	du gehst
	3. он/онá/онó	читá **ет**	er/sie/es liest	ид **ёт**	er/sie/es geht
Plural	1. мы	читá **ем**	wir lesen	ид **ём**	wir gehen
	2. вы	читá **ете**	ihr lest/Sie lesen	ид **ёте**	ihr geht/Sie gehen
	3. они́	читá **ют**	sie lesen	ид **ýт**	sie gehen

⚠ Das Verb читáть dient als Muster für viele Verben auf **-ать**, z. B. дéл**ать**, зн**ать**, игр**áть**, рабóт**ать**.

R2 Die Verben der **e-Konjugation** erkennst du am Vokal -e- (unbetont) oder -ё- (betont) in der Endung der meisten Personalformen. Ist der Stammauslaut ein Vokal, lauten die Endungen in der 1. Person Singular und der 3. Person Plural -ю/-ют. Nach Konsonanten stehen gewöhnlich -у/-ут.

Lerne die Muster der **e-Konjugation** auswendig! Präge dir bei neuen Verben neben dem Infinitiv immer auch die **1.** und **2. Person Singular** sowie die **3. Person Plural** ein: игра́ть → игра́ю, игра́ешь, игра́ют. Davon kannst du alle anderen Präsensformen ableiten.

§ 10 Fragen stellen (2)

W Du weißt, wie sich Entscheidungs- und Ergänzungsfragen unterscheiden.

NEU Jetzt lernst du eine Besonderheit bei der Wortstellung in Ergänzungsfragen kennen.

Fragewort	Prädikat	Subjekt (Substantiv)	Fragewort	Subjekt (Pronomen)	Prädikat
Что	де́лает	**Макси́м?**	Что	**он**	де́лает?
Was	macht	Maxim?	Was	macht	er?

R3 Ist das Subjekt in einer Ergänzungsfrage ein Substantiv, steht es **nach** dem Prädikat. Ist das Subjekt ein Personalpronomen, steht es **vor** dem Prädikat.

§ 11 Die и-Konjugation (Präsens)

NEU Jetzt lernst du die **и-Konjugation** kennen. Vergleiche die Endungen mit der **e-Konjugation** (§ 9).

		говори́ть	**sprechen**	**учи́ть**	**lernen**
Singular	1. я	говор **ю́**	ich spreche	уч **у́**	ich lerne
	2. ты	говор **и́шь**	du sprichst	у́ч **ишь**	du lernst
	3. он/она́/оно́	говор **и́т**	er/sie/es spricht	у́ч **ит**	er/sie/es lernt
Plural	1. мы	говор **и́м**	wir sprechen	у́ч **им**	wir lernen
	2. вы	говор **и́те**	ihr sprecht/Sie sprechen	у́ч **ите**	ihr lernt/Sie lernen
	3. они́	говор **я́т**	sie sprechen	у́ч **ат**	sie lernen

⚠ Das Verb говори́ть dient als Muster für alle mehrsilbigen Verben auf **-ить**.

R4 Die Verben der **и-Konjugation** erkennst du am Vokal -и- in der Endung der meisten Personalformen. Die Endungen der 1. Person Singular und der 3. Person Plural lauten -ю bzw. -ят. Endet der Präsensstamm auf einen Zischlaut (ж, ч, ш, щ), stehen -у bzw. -ат.

⚠ Verben mit den Infinitiven auf **-еть** (z. B. смотр**е́ть**) und **-ять** (z. B. сто**я́ть**) werden ebenfalls nach der **и-Konjugation** konjugiert.

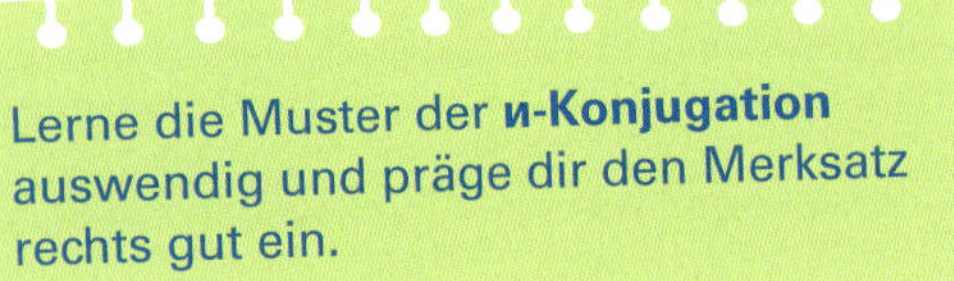

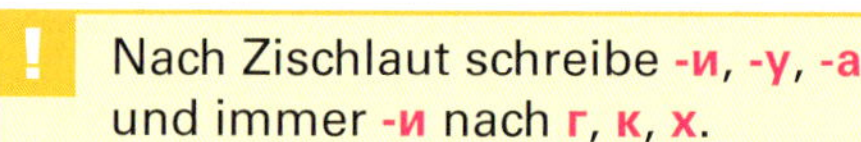

§ 12 Besonderheiten der Konjugation

NEU Bei der Konjugation einiger Verben erfolgt ein **Konsonantenwechsel**. Manchmal wechselt zusätzlich die **Betonung**.

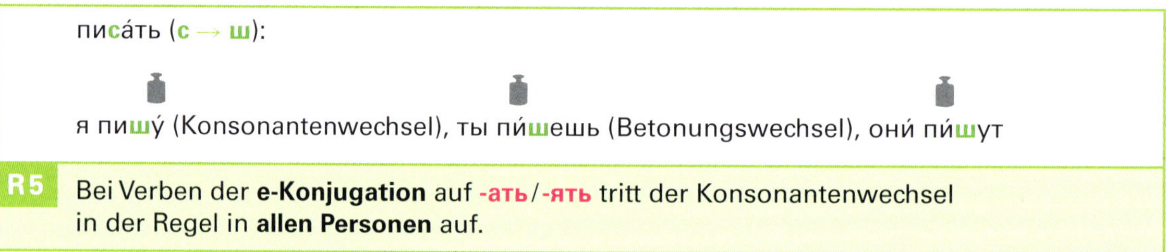

писа́ть (с → ш):

я пишу́ (Konsonantenwechsel), ты пи́шешь (Betonungswechsel), они́ пи́шут

R5 Bei Verben der **e-Konjugation** auf -ать/-ять tritt der Konsonantenwechsel in der Regel in **allen Personen** auf.

Häufiger als bei der **e-Konjugation** findest du einen Konsonantenwechsel bei Verben der **и-Konjugation**.

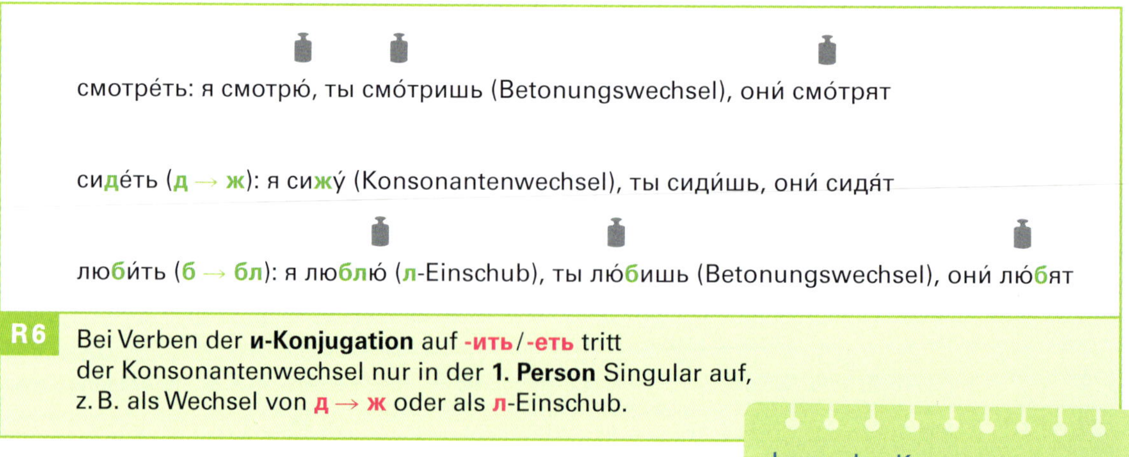

смотре́ть: я смотрю́, ты смо́тришь (Betonungswechsel), они́ смо́трят

сиде́ть (д → ж): я сижу́ (Konsonantenwechsel), ты сиди́шь, они́ сидя́т

люби́ть (б → бл): я люблю́ (л-Einschub), ты лю́бишь (Betonungswechsel), они́ лю́бят

R6 Bei Verben der **и-Konjugation** auf -ить/-еть tritt der Konsonantenwechsel nur in der **1. Person** Singular auf, z. B. als Wechsel von д → ж oder als л-Einschub.

Lerne den Konsonanten- und Betonungswechsel bei neuen Verben immer mit.

§ 13 Der Präpositiv Singular der Substantive

W Du weißt, dass es im Russischen sechs Kasus gibt.

NEU Du lernst jetzt den 6. Fall kennen, den **Präpositiv**. Er steht immer mit einer Präposition.

1. Nach einem Substantiv im Präpositiv fragst du mit о ком? *über wen?* oder о чём? *worüber?*

		maskulin	feminin		maskulin	neutral	feminin
Nom	кто?	учи́тель	учени́ца	что?	журна́л	письмо́	газе́та
Präp	о ком?	об учи́теле	об учени́це	о чём?	о журна́ле	о письме́	о газе́те

⚠ Vor einem Vokal wird die Präpositon **о** zu **об** erweitert, das erleichtert die Aussprache.

⚠ Die Präposition **о** wird nicht immer mit *über* übersetzt, ду́мать **о** kann z.B. auch *denken **an*** bedeuten.

2. Auch bei Ortsangaben verwendest du den Präpositiv. Auf die Frage где? *wo?* steht das Substantiv nach den Präpositionen **в** und **на** im Präpositiv.

		maskulin	neutral	feminin
Nom		уро́к	письмо́	шко́ла
Präp	где?	на уро́ке	в письме́	в шко́ле

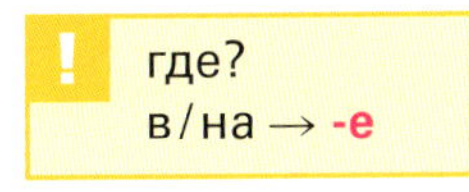

R7 Der Präpositiv ist der einzige Fall, der immer mit einer **Präposition** steht.
Er endet in allen drei Geschlechtern in der Regel auf **-е**.
Bei den Maskulina wird das **-е** angehängt, bei den Feminina und Neutra ersetzt es die Endung **-а** bzw. **-о**.

⚠ Die Präposition **в** wird mit dem folgenden Substantiv zusammen ausgesprochen, z. B. [в]: **в‿**газе́те, [ф]: **в‿**письме́. Achte darauf, dass das stimmhafte **в** vor stimmlosen Konsonanten als [ф] gesprochen wird.

⚠ Der Gebrauch von **в** und **на** stimmt nicht immer mit der deutschen Bedeutung *in*, *im* bzw. *auf* überein: **в** шко́ле *in der Schule*, **на** уро́ке *im Unterricht*.
Vor allem bei Arbeits-, Kultur- oder Sportstätten sowie bei Gebirgen, Flüssen oder Inseln gibt es Abweichungen.

Präge dir Ortsangaben, die mit einer anderen Präposition als im Deutschen stehen, immer als Wortgruppe ein.

на уро́ке
на конце́рте
на стадио́не
на дискоте́ке

на трениро́вке
на Кавка́зе
на Ура́ле
на Во́лге

§ 14 Der Akkusativ Singular der Substantive (1)

W Du weißt, dass man nach dem Akkusativobjekt mit *wen?* oder *was?* fragt.

NEU Du lernst, wie man den Akkusativ **unbelebter** Substantive bildet.
Unbelebt sind alle Substantive, die keine Personen und Tiere bezeichnen.

1. Nach dem **unbelebten** Akkusativobjekt fragst du mit **что?** was?

		maskulin	neutral	feminin
Nom	что?	журна́л	письмо́	газе́та
Akk	что?	журна́л	письмо́	газе́ту

2. Den Akkusativ verwendest du auch bei Richtungsangaben.
Auf die Frage куда́? *wohin?* steht das Substantiv nach den Präpositionen **в** und **на** im Akkusativ.

		maskulin	neutral	feminin
Nom		уро́к	окно́	шко́ла
Akk	куда́?	на уро́к	в окно́	в шко́лу

R8 Der Akkusativ der unbelebten Maskulina und Neutra stimmt mit dem Nominativ überein. Bei den Feminina wird aus der Nominativendung -а im Akkusativ ein -у.

⚠ Bei дискоте́ка können beide Präpositionen verwendet werden: **на** дискоте́к**у** *in die Diskothek* (Veranstaltung), **в** дискоте́к**у** *in die Diskothek* (Gebäude).

§ 15 Die Verneinung (1)

NEU Du lernst jetzt, wie du im Russischen etwas verneinen kannst.

Макси́м чита́ет? – **Нет.** Liest Maxim? – **Nein.**

R9 Entscheidungsfragen kannst du – genau wie im Deutschen – mit **нет** *nein* beantworten.

Vergleiche mit dem Deutschen und beachte, dass sich durch die Stellung des **verneinenden** Wortes der Sinn der Aussage verändert.

Макси́м **не** чита́ет, он пи́шет e-mail.
Maxim liest **nicht**, er schreibt eine E-Mail.

Не Макси́м чита́ет, а Ви́ктор.
Nicht Maxim liest, sondern Viktor.

R10 Die Satzaussage verneinst du, indem du **не** direkt vor das **Prädikat** setzt. Willst du einen bestimmten Teil der Aussage verneinen, setzt du **не** direkt vor das **zu verneinende Wort**.

§ 16 Die Ordnungszahlen 1–10

W Du kennst die russischen Grundzahlen 1–10 (§ 2).

NEU Jetzt lernst du die Ordnungszahlen kennen.
Sie werden im Russischen auch mit römischen Zahlen geschrieben.

1 оди́н	1. пе́рв**ый**
2 два	2. втор**о́й**
3 три	3. тре́т**ий**
4 четы́ре	4. четвёрт**ый**
5 пять	5. пя́т**ый**

6 шесть	6. шест**о́й**
7 семь	7. седьм**о́й**
8 во́семь	8. восьм**о́й**
9 де́вять	9. девя́т**ый**
10 де́сять	10. деся́т**ый**

R 11 Die russischen Ordnungszahlen stimmen mit dem Substantiv, auf das sie sich beziehen, in Genus, Kasus und Numerus überein. Die maskulinen Ordnungszahlen enden im **Nominativ Singular** auf **-ый**. Ist die Endung **betont**, lautet sie **-о́й**.

⚠ Die einzige Ausnahme ist **тре́тий**.

§ 17 Die Wochentage

NEU Du lernst jetzt die russischen Wochentage kennen. Anders als im Deutschen musst du darauf achten, dass die Wochentage auf die Frage Когда́? *Wann?* immer im Akkusativ verwendet werden.

Неде́ля	
ПН	3
ВТ	4
СР	5
ЧТ	6
ПТ	7
СБ	8
ВС	9

Како́й (сего́дня) день?	В како́й день? / Когда́?	
Nominativ	Akkusativ	
понеде́льник	в понеде́льник	(am) Montag
вто́рник	**во** вто́рник	(am) Dienstag
сред**а́**	в сре́д**у**	(am) Mittwoch
четве́рг	в четве́рг	(am) Donnerstag
пя́тниц**а**	в пя́тниц**у**	(am) Freitag
суббо́т**а**	в суббо́т**у**	(am) Samstag
воскресе́нье	в воскресе́нье	(am) Sonntag

R 12 Auf die Frage Како́й сего́дня день? *Welcher Tag ist heute?* nennst du den Wochentag im **Nominativ**. Auf die Fragen В како́й день? *An welchem Tag?* und Когда́? *Wann?* antwortest du mit der Präposition **в** und dem Wochentag im **Akkusativ**.

⚠ Vor **вто́рник** wird die Präpositon **в** zu **во** erweitert, das erleichtert die Aussprache.
Bei среда́ kommt es im Akkusativ zu einem Betonungswechsel: [ф] **в‿сре́ду**.
Achte auf die Stimmangleichung des **в** vor stimmlosen Konsonanten.

Всё поня́тно?

1 Wie viele Infinitive sind unter diesen Wörtern. Schreibe sie auf.
учи́ть, пять, учи́тель, писа́ть, письмо́, чита́ют, идти́, и́ли, они́, реша́ть, о́чень, шесть, де́лать, опя́ть, помога́ть, де́сять, чита́ть, говори́ть, де́вять

2 Achte auf den Konjugationstyp. Welches Verb gehört nicht in die Reihe? Warum?
а) зна́ешь, иду́т, пи́шем, говорю́, де́лаете, рабо́тают
б) говори́т, у́чишь, смо́трят, чита́ю, лю́бите, сидя́т
в) реша́ю, ду́маю, игра́ю, люблю́, помога́ю, пишу́
г) говори́ть, смотре́ть, рабо́тать, учи́ть, люби́ть, стоя́ть

3 Konjugiere. **а)** чита́ть **б)** идти́ **в)** говори́ть

4 Notiere im Heft möglichst viele Verben, die wie **а)** чита́ть und **б)** говори́ть konjugiert werden.

5 **а)** Schreibe über dich und verwende dabei die folgenden Wendungen:
учи́ть ру́сский язы́к, де́лать уро́ки, сиде́ть в Интерне́те, смотре́ть фильм, игра́ть в футбо́л, слу́шать му́зыку, писа́ть письмо́
б) Wie lauten die folgenden Fragen, wenn du sie an jemanden richtest, den du siezt:
Ты лю́бишь футбо́л? Ты слу́шаешь поп-му́зыку? Ты у́чишь ру́сский язы́к? Ты помога́ешь до́ма?

6 **а)** Lege eine Tabelle mit den Spalten „Akkusativ" und „Präpositiv" an. Ersetze die Fragewörter in den Klammern durch Substantive im richtigen Kasus und trage die Wortgruppen in die passende Spalte ein: рабо́тать в (где?), идти́ в (куда́?), идти́ на (куда́?), говори́ть о (чём?), чита́ть (что?), слу́шать (что?), люби́ть (что?), писа́ть о (ком?).
б) Berichte über deine Mitschüler/innen. Verwende möglichst viele Wortgruppen aus Teil **а)**.

7 Übersetze. Achte auf den Gebrauch des Kasus (Akkusativ oder Präpositiv) und auf **в** bzw. **на**.
Lena liebt Musik. Sie geht ins Konzert. Das Konzert ist im Theater. Irina ist auch im Konzert. Viktor geht in die Sporthalle. Maxim ist bereits in der Sporthalle.

8 Schreibe einem russischen Brieffreund, was du an welchen Wochentagen regelmäßig machst.

9 Lege eine Tabelle mit den Grund- und Ordnungszahlwörtern von 1–10 an.

10 Wiederhole die Fragen. Ersetze die Substantive und Namen durch Personalpronomen und achte auf die Wortfolge.
а) Куда́ идёт учи́тельница?
б) Что де́лает ма́ма?
в) Что лю́бят Макси́м и Ле́на?
г) О чём говори́т учи́тель?

11 **а)** Verneine den hervorgehobenen Teil der Aussage und sage, was die Personen stattdessen tun.
1. Я чи́таю **журна́л**. (газе́та)
2. Мы идём в **кино́**. (конце́рт)
3. **Ли́за** рабо́тает в библиоте́ке. (А́ня)
4. Они пи́шут **e-mail**. (рефера́т)

б) Verneine die Satzaussage. Achte auf die Stellung des verneinenden Wortes.

▶ Die Lösungen findest du auf Seite 37.

Семья́ Ири́ны

§ 18 Die russischen Namen

NEU Der offizielle russische Name wird aus dem **Vornamen**, dem **Vatersnamen** und dem **Familiennamen** gebildet, z. B. **Алекса́ндр Влади́мирович Наза́ров**, **Ири́на Влади́мировна Наза́рова**.

Die Vornamen lauten je nach Gesprächssituation unterschiedlich:

offizielle Anrede	in der Familie / unter Freunden	besonders liebevolle Anrede
Алекса́ндр(а)	Са́ша, Са́ня	Са́шенька
А́нна	А́ня, Аню́та	А́нечка, А́ннушка

⚠ Nicht dekliniert werden weibliche Vornamen auf **Konsonant** (z. B. **Ка́ролин**, **Изабе́л**) sowie männliche und weibliche Vornamen auf **Vokal**, mit Ausnahme von **-а** / **-я**. (z. B. **У́до**, **А́нтье**).

Der **Vatersname** wird vom Vornamen des Vaters abgeleitet:

Влади́мир → Влади́мир**ович** (Sohn), Влади́мир**овна** (Tochter)

Вита́лий → Вита́ль**евич** (Sohn), Вита́ль**евна** (Tochter)

R 1 Endet der Vorname des Vaters auf einen harten Konsonanten, fügst du für den **männlichen** Vatersnamen **-ович** an. Endet der Vorname auf einen weichen Konsonanten, lautet die Endung **-евич**. **Weibliche** Vatersnamen bildest du entsprechend mit **-овна** bzw. **-евна**.

⚠ Mit dem **Vor- und Vatersnamen** und mit **вы** *Sie* sprichst du im Russischen unbekannte Erwachsene an. Es ist die höfliche Anrede.

⚠ Der **Familienname** existiert in der männlichen (Луки́н), der weiblichen (Лукин**а́**) and der Pluralform (Лукин**ы́**).

§ 19 Die Possessivpronomen der 1. und 2. Person Singular

W Du weißt, dass die Possessivpronomen *mein* und *dein* darauf hinweisen, wem etwas gehört.

maskulin	feminin	neutral
Э́то **твой** моби́льник? Ist das dein Handy? Да, э́то **мой** моби́льник. Ja, das ist mein Handy.	Э́то **твоя́** кни́г**а**? Ist das dein Buch? Нет, э́то не **моя́** кни́г**а**. Nein, das ist nicht mein Buch.	Э́то **твоё** письм**о́**? Ist das dein Brief? Да, э́то **моё**. Ja, das ist meiner.

R 2 Die Possessivpronomen **мой** (maskulin), **моя́** (feminin), **моё** (neutral) *mein* und **твой**, **твоя́**, **твоё** *dein* richten sich in **Genus**, **Kasus** und **Numerus** nach dem zugehörigen Substantiv.

§ 20 Die Wiedergabe von *haben*

У **тебя́** есть ру́чка?	Hast du einen Füller? (*wörtl.:* Gibt es bei dir einen Füller?)
Да, у **меня́** есть ру́чка.	Ja, ich habe einen Füller. (*wörtl.:* Ja, bei mir gibt es einen Füller.)

R 3 Das deutsche *etwas haben/besitzen* drückst du im Russischen so aus:
у + Besitzer (im Genitiv) **+ есть + Besitz** (im Nominativ).

Präge dir die Wiedergabe von *haben* mit der wörtlichen deutschen Übersetzung ein.

§ 21 Der Dativ Singular der Substantive (1)

W Du weißt, dass du nach dem Dativ *wem?* bzw. zu *wem?* fragst.

NEU Du lernst nun, nach welcher Präposition und nach welchen Verben der Dativ steht und welche Endungen die Substantive im Dativ haben.

Кому́ вы помогáете? Wem helft ihr (gerade)? Мы помогáем Макси́му и И́горю. Wir helfen Maxim und Igor.	**К кому́** ты идёшь? Zu wem gehst du? Я иду́ **к** И́ре и Тáне. Ich gehe zu Ira und Tanja.

R 4 Auf die Frage **кому́** *wem?* bzw. **к кому́** *zu wem?* und nach den Verben **помогáть**, **идти́**, **писáть** und **звони́ть** stehen die Substantive und Pronomen immer im Dativ.
Dabei wird an den Stamm der Maskulina ein **-у**, nach weichem Konsonanten ein **-ю** angehängt. Bei den Feminina wird aus -а und -я jeweils **-е**.

		maskulin		feminin	
		hart	weich	hart	weich
Nom	кто?	Макси́м	И́горь	И́ра	Тáня
Dat	(к) кому́?	(к) Макси́му	(к) И́горю	(к) И́ре	(к) Тáне

⚠ Beim Verb **звони́ть** *anrufen* weicht der Kasus vom Deutschen ab. Verbinde **звони́ть** *anrufen* nicht wie im Deutschen mit dem Akkusativ, sondern immer mit dem Dativ, z. B. звони́ть Макси́му и И́ре.

§ 22 Der Genitiv Singular der Substantive (1)

W Du weißt, dass der Genitiv auf die Frage *wessen?* steht und im Russischen zum Ausdruck von *haben* nach der Präposition **у** *bei* verwendet wird.

NEU Du lernst nun, welche Endungen die Substantive im Genitiv haben und welche Präpositionen (außer **у**) noch den Genitiv nach sich ziehen.

Э́то Ни́на, а э́то сестра́ Ни́н**ы**, Ка́тя.	Das ist Nina, und das Ninas Schwester Katja.
У Ка́т**и** есть гита́ра.	Katja hat eine Gitarre.
Где но́ты **для** Макси́м**а** и И́гор**я**?	Wo sind die Noten für Maxim und Igor?
До теа́тр**а**? **До** теа́тр**а** далеко́.	Bis zum Theater? Bis zum Theater ist es weit.
По́сле шко́л**ы** я де́лаю уро́ки.	Nach der Schule mache ich Hausaufgaben.

R5 Der Genitiv bezeichnet auf die Frage *wessen?* die Zugehörigkeit.
Er steht außerdem nach den Präpositionen **у, для, до** und **по́сле**.
Im Genitiv Singular wird an den Stamm der Maskulina und Neutra ein **-а**, nach weichem Konsonanten ein **-я** angehängt.
Bei den Feminina wird aus -а ein **-ы** und aus -я ein **-и**.

		maskulin		feminin	
		hart	weich	hart	weich
Nom	кто?	Макси́м	И́горь	Ни́на	Та́ня
Gen		Макси́м**а**	И́гор**я**	Ни́н**ы**	Та́н**и**

§ 23 Die Wiedergabe von *nicht haben*

W Du weißt, wie man im Russischen *haben* ausdrückt. (§ 20)

NEU Jetzt lernst du, wie du auf Russisch ausdrücken kannst, dass du etwas **nicht** hast.

У меня́ **нет** бра́т**а**.	У тебя́ **нет** сестр**ы́**?
Ich habe keinen Bruder.	Hast du keine Schwester?
У Та́ни **нет** ци́ркул**я**.	У Ви́ктора **нет** лине́йк**и**.
Tanja hat keinen Zirkel.	Viktor hat kein Lineal.

R6 Das deutsche *etwas nicht haben/besitzen* drückst du im Russischen so aus:
у + Besitzer (im Genitiv) **+ нет + Besitz** (im Genitiv).

⚠ Das, was jemand *nicht* hat, steht in Verbindung mit **нет** immer im **Genitiv**.

! Nach **г**, **к**, **х** das **-ы** steht nie,
hier schreibe immer nur das **-и**.

§ 24 Die Deklination der Personalpronomen (Genitiv – Akkusativ)

W Du kennst die russischen Personalpronomen im Nominativ (§ 7) und weißt, dass die deutschen Personalpronomen verschiedene Kasus bilden (z. B. *ich*, *meiner*, *mir*, *mich* usw.). Das gilt auch für die russischen Pronomen. Kennengelernt hast du bereits den Genitiv von **я** und **ты** (§ 20).

NEU Du lernst jetzt alle Personalpronomen im **Genitiv**, **Dativ** und **Akkusativ** kennen.

Макс зна́ет **нас**, **тебя́** и **меня́**.	Max kennt uns, dich und mich.
Он идёт к **тебе́** и ко **мне**.	Er kommt zu dir und zu mir.
Он помога́ет **нам**, **тебе́** и **мне**.	Er hilft uns, dir und mir.
Письмо́ для **него́**, а кни́га для **нас**.	Der Brief ist für ihn und das Buch für uns.

R 7 Nach Präpositionen wird vor die deklinierten Formen von **он**/**оно́**, **она́** und **они́** in der Regel ein **н-** eingefügt, z. B. **у него́** *bei ihm/er hat*, **к ней** *zu ihr*, **на них** *auf sie*.

Nom	кто?/что?	**я**	**ты**	**он/оно́**	**она́**	**мы**	**вы**	**они́**
Gen		меня́	тебя́	(н)его́	(н)её	нас	вас	(н)их
Dat	кому́?	мне	тебе́	(н)ему́	(н)ей	нам	вам	(н)им
Akk	что?	меня́	тебя́	(н)его́	(н)её	нас	вас	(н)их

⚠ Beachte die Aussprache von **его́** [ево́].
Vor **мне** wird **к** zu **ко** erweitert, das spricht sich leichter: **ко мне**.

§ 25 Die Grundzahlen 11–60

W Du kennst die Grundzahlen 1–10 (§ 2). Sie bilden die Grundlage für die zusammengesetzten Zahlwörter.

11	оди́ннадцать	**21**	два́дцать оди́н	**40**	со́рок
12	двена́дцать	**22**	два́дцать два	**41**	со́рок оди́н
13	трина́дцать	**23**	два́дцать три	**42**	со́рок два
14	четы́рнадцать	**24**	два́дцать четы́ре	**43**	со́рок три
15	пятна́дцать	**25**	два́дцать пять	**44**	со́рок четы́ре
16	шестна́дцать	**26**	два́дцать шесть	**50**	пятьдеся́т
17	семна́дцать	**27**	два́дцать семь	**57**	пятьдеся́т семь
18	восемна́дцать	**28**	два́дцать во́семь	**58**	пятьдеся́т во́семь
19	девятна́дцать	**29**	два́дцать де́вять	**59**	пятьдеся́т де́вять
20	два́дцать	**30**	три́дцать	**60**	шестьдеся́т

⚠ Beachte den **Betonungswechsel** bei 11 und 14.
Und nicht verwechseln: Das **Weichheitszeichen** steht bei 5–30 am **Wortende**, ab 50 aber in der **Mitte**.

⚠ Bei den Grundzahlen ab 21 steht – anders als im Deutschen – zuerst der **Zehner** und dann der **Einer**.

Lerne die Zahlen von 15–19, indem du 5–9 ohne Weichheitszeichen mit -надцать verbindest, z. B. пять – пятна́дцать.

§ 26 Das Substantiv nach den Grundzahlen 1–4

NEU Die russischen Zahlwörter **1** und **2** werden nach dem Geschlecht des Bezugsworts unterschieden.

У нас **оди́н** теа́тр, **одна́** шко́ла и **одно́** ателье́.
У меня́ **два** бра́та и **две** сестры́.
В кла́ссе **три** окна́ и **четы́ре** компью́тера.

R 8 Der Gebrauch von **оди́н** (maskulin), **одна́** (feminin) oder **одно́** (neutral) richtet sich nach dem **Genus** (§ 1), **Numerus** und **Kasus** des Substantivs.
Два wird mit Maskulina und Neutra, **две** mit Feminina verbunden.
Das Substantiv steht nach **2**, **3**, **4** immer im **Genitiv Singular** (§ 22).

§ 27 Die Angabe des Alters

NEU Du lernst jetzt, wie man im Russischen das Alter von Personen oder Objekten angibt.

Ско́лько **тебе́ лет**?	Ско́лько **лет** Бори́су?
Wie alt bist du?	Бори́су/**Ему́** два́дцать оди́н **год**.
Мне трина́дцать **лет**.	Ско́лько **лет** Ири́не?
Ich bin 13 Jahre alt.	Ири́не/**Ей** два́дцать два **го́да**.

R 9 Bei der Altersangabe stehen die Personen oder Objekte, deren Alter du nennst, immer im **Dativ**. Die Frage nach dem Alter lautet: **Ско́лько лет** + **Person** (im Dativ)?
Die Form von **год** *Jahr* ist davon abhängig, welches Zahlwort vorausgeht:
Nach **1** (21, 31, ...) steht der Nominativ Singular **год**, nach **2**, **3**, **4** (22, 23, 24, 32, 33, ...) der Genitiv Singular **го́да** und nach **5–20** (25, 26, 27, ...) das Wort **лет**.

⚠ Die Zahlen **11** sowie **12, 13, 14** sind keine **zusammengesetzten** Zahlwörter, deshalb steht nach ihnen trotz der Endziffern 1–4 nie год bzw. го́да, sondern immer **лет**.

§ 28 Die Angabe der Uhrzeit

W Du weißt, dass nach den Zahlwörtern **2, 3, 4** das Substantiv im Genitiv Singular steht (§ 26). Das gilt auch für die Wörter **час** *Stunde; Uhr* und **мину́та** *Minute*.

NEU Du lernst nun, wie man bei Durchsagen im Radio, am Bahnhof oder auf dem Flughafen offiziell die Uhrzeit angibt.

Кото́рый **час**?	Сейча́с (1), 21 час/2, 3, 4, 22, 23, 24 часа́/5–20 часо́в.
Wie viel Uhr ist es?	Сейча́с 11 часо́в 1 мину́та/2, 3, 4 мину́ты/5–20, 25–30 мину́т.
Когда́? Wann?	**В** (1) час/2–4 часа́/5–20 часо́в 1 мину́ту/2–4 мину́ты/5–20 мину́т.
Um 1:21 Uhr.	**В** час два́дцать одну́ мину́ту.

R 10 Die Frage nach der Uhrzeit lautet: Кото́рый час? *Wie viel Uhr ist es?/Wie spät ist es?*
Darauf antwortet man mit **час**/**часа́**/**часо́в** *Stunde* und **мину́та**/**мину́ты**/**мину́т** *Minute*.
Die jeweilige Form richtet sich nach dem vorausgehenden Zahlwort.
Auf die Frage Когда́? *Wann?* steht die Präposition **в** + **Akkusativ**.

Всё поня́тно?

1 Schreibe die Tabelle ab und trage die russischen Vornamen in die richtige Spalte ein.

offizielle Anrede	in der Familie/unter Freunden	liebevolle Anrede

Са́шенька · Татья́на · Воло́денька · Ле́ночка · Алекса́ндр(а) · Влади́мир · Еле́на · А́ня · Ле́на · Во́ва · Са́ша · Аню́та · Серёженька · А́нна · Та́ня · Ва́ня · Воло́дя · Ива́н · Серге́й · Серёжа · Та́нечка · Ваню́ша · Во́вчик

2 Finde heraus, wer in dieser Familie Großvater, Vater, Mutter, Tochter und Sohn ist.

а) Бори́с Серге́евич Ивано́в
б) Серге́й Ива́нович Ивано́в
в) А́нна Серге́евна Ивано́ва
г) Светла́на Степа́новна Ивано́ва
д) Ива́н Ива́нович Ивано́в

3 **а)** Stelle die Mitglieder deiner Familie auf einem Familienfoto vor.
б) Frage jemanden, ob die Schultasche, das Federmäppchen, der Bleistift, der Füller, das Lehrbuch, das Foto, der Zirkel und das Lineal ihm oder ihr gehören.

4 Drücke den gleichen Inhalt anders aus. ➤ Э́то моя́ гита́ра. → У меня́ есть гита́ра.
а) Э́то моя́ газе́та.
б) Э́то твой журна́л?
в) Э́то моё письмо́.
г) Э́то мой календа́рь.
д) Э́то твоя́ су́мка?
е) Э́то твой компью́тер?

5 Beantworte die Fragen. Ersetze das hervorgehobene Wort durch ein Personalpronomen.
а) Ты ча́сто помога́ешь **ма́ме**?
б) Ты зна́ешь фильм «**Серёжа**»?
в) Ты сейча́с идёшь к **однокла́сснице**?
г) Косме́тика – э́то сувени́р для **Ири́ны**?
д) Ты ча́сто звони́шь **бра́ту**?
е) До **теа́тра** далеко́?

6 Widersprich und behaupte das Gegenteil.
а) У Ле́ны есть брат.
б) У Макси́ма есть сестра́.
в) У Ве́рочки есть компью́тер.
г) У Ди́мы есть ко́шка.
д) У И́горя есть ци́ркуль.
е) У И́ры есть ра́дио.

7 Frage, wie alt die Angehörigen der Familie Ивано́в (Übung 2) sind und beantworte die Fragen.
а) Ива́н Ива́нович Ивано́в (59)
б) ма́ма (34)
в) па́па (37)
г) А́нна (13)
д) Бори́с (15)

8 Schreibe die Uhrzeiten aus.
а) 2 ч 20 м
б) 5 ч 15 м
в) 13 ч 30 м
г) 14 ч 02 м
д) 19 ч 41 м
е) 20 ч 44 м
ж) 21 ч 45 м
з) 22 ч 03 м

▶ Die Lösungen findest du auf Seite 38.

Свобóдное врéмя

§ 29 Der Instrumental Singular der Substantive (1)

NEU Du lernst, wann und mit welchen Endungen der Instrumental verwendet wird.

Чай с лимóн**ом**, пожáлуйста.	Den Tee mit Zitrone bitte.
С чем ты лю́бишь чай? – С варéнь**ем**.	Mit was magst du den Tee? – Mit Konfitüre.
С кем ты идёшь в кинó? – С Тáн**ей** и И́гор**ем**?	Mit wem gehst du ins Kino? – Mit Tanja und Igor?

R 1 Der Instrumental steht nach bestimmten Verben (z. B. **занимáться** *sich beschäftigen*) und nach Präpositionen (z. B. **с/со** mit). Im Singular wird an den Stamm der Maskulina und Neutra **-ом**, nach weichem Konsonanten **-ем** (betont **-ём**, z. B. день → днём) angehängt. Bei den Feminina wird aus **-а** die Endung **-ой** und aus **-я** die Endung **-ей** (betont **-ёй**, z. B. семья́ → семьёй).

		maskulin		neutral		feminin	
		hart	weich	hart	weich	hart	weich
Nom	что?/кто?	лимóн	И́горь	мáсл**о**	варéнь**е**	сметáн**а**	Тáн**я**
Instr	(с) чем?/кем?	лимóн**ом**	И́гор**ем**	мáсл**ом**	варéнь**ем**	сметáн**ой**	Тáн**ей**

Nach den Zischlauten (**ж**, **ш**, **ч**, **щ**) und **ц** wird unbetontes **о** zu **е**: с Сáш**ей**, с ученѝц**ей**.

⚠ Vor **слóво**, **сметáна**, **студéнтка** wird die Präposition **с** zu **со** erweitert, das spricht sich leichter.

⚠ Die Präposition **с** wird mit dem folgenden Wort zusammengesprochen, z. B. с‿Антóном [са]нтóном, с‿А́ней [сá]ней, с‿учéбником [су]чéбником.

⚠ Folgt auf **с** ein Wort mit stimmhaftem Anlaut (**б**, **г**, **д**, **ж**, **з**), wird с stimmhaft als [з] gesprochen, z. B. с‿Борѝсом [зб]орѝсом, с‿грýппой [зг]рýппой.

§ 30 Die reflexiven Verben (Präsens)

W Du weißt, dass *sich waschen* und *sich beschäftigen* im Deutschen reflexive Verben sind.

NEU Du lernst, woran man die russischen reflexiven Verben erkennt und wie man sie konjugiert.

Я ча́сто ката́**юсь** на скейтбо́рде.	Ich fahre oft Skateboard.
Мари́на занима́**ется** матема́тикой.	Marina beschäftigt sich mit Mathematik.

R2 Die reflexiven Verben erkennst du an **-ся** und **-сь**. Das **-ся** wird an Verbendungen auf Konsonant, **-сь** an Verbendungen auf Vokal angefügt.

		занима́ ться	**sich beschäftigen**
Singular	1. я 2. ты 3. он/она́/оно́	занима́ ю**сь** занима́ ешь**ся** занима́ ет**ся**	ich beschäftige mich du beschäftigst dich er/sie/es beschäftigt sich
Plural	1. мы 2. вы 3. они́	занима́ ем**ся** занима́ ете**сь** занима́ ют**ся**	wir beschäftigen uns ihr beschäftigt euch/Sie beschäftigen sich sie beschäftigen sich

⚠ Die Buchstabenverbindungen **-ться** und **-тся** werden wie [цъ] ausgesprochen.

⚠ Einige Verben sind im Deutschen reflexiv, im Russischen aber nicht und umgekehrt:

отдыха́ть	**sich** erholen	ката́ть**ся** на скейтбо́рде	Skateboard fahren

§ 31 Die Adjektive mit hartem Stammauslaut (Nominativ Singular)

W Du weißt, dass Adjektive Eigenschaften bezeichnen, mit ihrem Beziehungswort übereinstimmen und verschiedene Formen bilden können.

NEU Du lernst, welche Endungen Adjektive mit hartem Stammauslaut im Nominativ Singular haben und mit welchem Fragewort sie verbunden sein können.

Как**о́й** краси́в**ый** костю́м!	Как**о́е** краси́в**ое** пальт**о́**!	Как**а́я** краси́в**ая** ша́пк**а**!
Да, э́то краси́в**ый** костю́м.	Да, э́то краси́в**ое** пальт**о́**.	Да, э́то краси́в**ая** ша́пк**а**.

R3 Die Nominativformen im Singular von **како́й?** *welcher?, was für ein?* und die der Adjektive stimmen mit dem zugehörigen Substantiv in **Genus**, **Numerus** und **Kasus** überein.

⚠ Sind maskuline Adjektive endbetont, wird **-ый** zu **-о́й**, z. B. больш**о́й**, голуб**о́й**.

Nach **г**, **к**, **х** das **-ы** steht nie, hier schreibe immer nur das **-и**: ма́ленък**ий**, неме́цк**ий**.

§ 32 Der Akkusativ Singular (2) der belebten maskulinen Substantive

W Du weißt, dass der Akkusativ der unbelebten Maskulina mit dem Nominativ übereinstimmt. (§ 14)

NEU Um den Akkusativ der belebten Maskulina bilden zu können, musst du zwischen belebten und unbelebten Substantiven unterscheiden:

Belebte Maskulina (Personen-, Tierbezeichnungen)	Unbelebte Maskulina (alle anderen Substantive)
Кого́ ты зна́ешь? Я зна́ю ученика́ и учи́теля. Ты о́чень лю́бишь кро́лика?	Что ты зна́ешь? Я зна́ю теа́тр и музе́й. Ты о́чень лю́бишь футбо́л?

R4 Bei **unbelebten** Maskulina ist Akkusativ = Nominativ, bei **belebten** Maskulina ist Akkusativ = Genitiv.

		unbelebte Maskulina			belebte Maskulina	
		hart	weich		hart	weich
Nom	что?	рестора́н	музе́й	кто?	учени́к	учи́тель
Gen		рестора́на	музе́я		ученика́	учи́теля
Akk	что?	рестора́н	музе́й	кого́?	ученика́	учи́теля

§ 33 Der Nominativ Plural der Adjektive mit hartem Stammauslaut

W Du weißt, dass männliche, weibliche und sächliche Adjektive eine gemeinsame Pluralendung haben.

NEU Du lernst, welche Endungen Adjektive mit hartem Stammauslaut im Nominativ Plural haben.

Но́вые джи́нсы ей так иду́т.	Die neuen Jeans stehen ihr gut.
Каки́е джи́нсы?	Welche Jeans?
Чёрные (джи́нсы).	Die schwarzen (Jeans).

R5 Die Adjektive im Nominativ Plural mit hartem Stammauslaut antworten auf die Frage **каки́е?** *welche?*, *was für welche?* und haben die Endungen **-ые**.

Nach **г**, **к**, **х** und Zischlauten das **-ы** steht nie, hier schreibe immer nur das **-и**: больши́е, ма́ленькие.

§ 34 Der Genitiv und Präpositiv der Adjektive mit hartem Stammauslaut (Singular)

W Du weißt, dass das Adjektiv mit dem zugehörigen Substantiv in Genus, Numerus und Kasus übereinstimmt (§ 31).

NEU Du lernst, welche Endungen Adjektive mit hartem Stammauslaut im Genitiv und Präpositiv haben.

Э́то но́в**ый** учени́к. У но́в**ого** ученика́ есть брат. Я уже́ мно́го зна́ю о но́в**ом** ученик**е́**.	Das ist ... Der.../Die... hat ... Ich weiß schon viel über ...	Э́то но́в**ая** студе́нтк**а** из Москвы́. У но́в**ой** студе́нтк**и** есть сестра́. Я уже́ мно́го зна́ю о но́в**ой** студе́нтк**е**.

Adjektive mit Stammauslaut auf harten Konsonanten bilden die sechs Kasus wie in der Tabelle:

	maskulin		neutral	feminin
Fragewort?	как**о́й**?		как**о́е**?	как**а́я**?
Nom	но́в**ый**		но́в**ое**	но́в**ая**
Gen		но́в**ого**[1]		но́в**ой**
Dat		но́в**ому**		но́в**ой**
Akk	Nom[2]/Gen[3]		но́в**ое**	но́в**ую**
Instr		но́в**ым**		но́в**ой**
Präp		(о) но́в**ом**		(о) но́в**ой**

[1] Aussprache des г in ого wie [в] [2] unbelebt [3] belebt

⚠ Die Endungen der maskulinen Adjektive stimmen mit denen der neutralen in vier Kasus überein.

⚠ So wie die Adjektive werden auch как**о́й**, как**а́я**, как**о́е** und die Ordnungszahlen dekliniert: как**о́й** (класс) – пя́т**ый** (класс); в как**о́м** (кла́ссе) – в пя́т**ом** (кла́ссе), (для) как**о́го** (кла́сса), (о) пя́т**ом** (кла́ссе).

Всё поня́тно?

1 Кто говори́т с кем?

а) Макси́м – Ири́на **б)** Ле́на – Та́ня **в)** Ви́тя – Са́ша **г)** Ве́ра – И́горь **д)** Ди́ма – брат **е)** И́ра – сестра́ **ж)** учи́тель – учени́ца **з)** тре́нер – Макси́м

2 Gib Bestellungen auf: Мне, пожа́луйста, ... с(о) ...

а) чай и лимо́н **б)** чай и са́хар **в)** чай и варе́нье **г)** ко́фе и са́хар **д)** кака́о и молоко́ **е)** борщ и смета́на **ж)** щи и смета́на **з)** пельме́ни и ма́сло

3 Füge занима́ться in der erforderlichen Form ein und beantworte die Fragen.

а) Чем ты ... в свобо́дное вре́мя?
б) Ма́ма и па́па то́же ...?
в) Кто в семье́ ещё ...?
г) Где вы ...?

4 Schreibe, ob sich die genannten Personen damit beschäftigen oder nicht.

а) я –
б) сестра́ –
в) роди́тели –
г) мы –
д) ты –
е) брат –

5 Bringe dein Entzücken, deine Verwunderung zum Ausdruck.

а) Како́й ...! **б)** Кака́я ...! **в)** Како́е ...! **г)** Каки́е ...!

6 Sage, wen du ...

а) kennst oder nicht kennst (инжене́р, диза́йнер, музыка́нт, друг И́ры, Анто́н Серге́евич);
б) gern hast oder nicht magst (Макси́м, Бори́с, брат, рэ́пер, тре́нер, Ши́ллер, Пу́шкин).

7 Frage mithilfe von Adjektiven nach der Farbe der Kleidungsstücke.

➤ И́ре о́чень идёт сви́тер. – Како́й? Бе́лый? – Нет, голубо́й.

а) У Зи́ны мо́дная ю́бка.
б) Брю́ки И́ре о́чень иду́т.
в) Пальто́ мне не идёт.
г) Та́ня сего́дня в сви́тере.
д) Мари́на сего́дня в футбо́лке.

8 Widersprich und behaupte das Gegenteil.

а) У Та́ни кра́сная ю́бка.
б) У Бори́са жёлтый шарф.
в) У Анто́на чёрное пальто́.
г) У учи́теля бе́лая ке́пка.
д) У учи́тельницы голубо́й сви́тер.

▶ Die Lösungen findest du auf Seite 38.

Добро́ пожа́ловать в Москву́!

§ 35 Die Verben der Fortbewegung (1)

NEU Im Russischen treten mehrere Verben, die eine Fortbewegung bezeichnen, als Paar auf. Ein Verb ist **bestimmt**, das andere **unbestimmt**. Du lernst, wie die Verben konjugiert und wann sie gebraucht werden.

bestimmtes Verb	unbestimmtes Verb
идти́ я иду́, ты идёшь, они́ иду́т	**ходи́ть** я хожу́, ты хо́дишь, они́ хо́дят
е́хать я е́ду, ты е́дешь, они́ е́дут	**е́здить** я е́зжу, ты е́здишь, они́ е́здят
лете́ть я лечу́, ты лети́шь, они́ летя́т	**лета́ть** я лета́ю, ты лета́ешь, они́ лета́ют

Сейча́с мой брат **е́дет** в шко́лу. (→)

За́втра я **лечу́** в Москву́. (→)

У́тром Ве́рочка **идёт** в са́дик. (→)

1. Он обы́чно **е́здит** в шко́лу на авто́бусе. (→ ←)

Я ча́сто **лета́ю** в Москву́. (→ ←)

Она́ **хо́дит** по за́лу. (Sie geht … auf und ab.)

2. Мне нра́вится **лета́ть**. (Vorliebe)
3. Бра́ту оди́н год. Он ещё не **хо́дит**. (Fähigkeit)

R 1 Mit **bestimmten** Verben bezeichnest du eine Fortbewegung **in nur einer Richtung** (→). Mit **unbestimmten** Verben bezeichnest du eine Fortbewegung in **nicht** nur einer Richtung. Das ist der Fall, wenn die Fortbewegung *sich wiederholt* und *hin und zurück* oder in *verschiedenen Richtungen* verläuft. Das **unbestimmte** Verb verwendest du auch, wenn du die *Vorliebe* oder die *Fähigkeit* zu der jeweiligen Fortbewegung ausdrücken willst.

⚠ Verben der Fortbewegung werden oft in übertragener Bedeutung verwendet:

Куда́ идёт трамва́й?	Wohin fährt die Straßenbahn?
В центр хо́дят два авто́буса.	Ins Zentrum fahren zwei Busse.
Како́й фильм сейча́с идёт?	Welcher Film läuft jetzt?
Но́вый сви́тер хорошо́ идёт к кра́сной ю́бке.	Der neue Pullover passt gut zum roten Rock.
Как вре́мя лети́т!	Wie die Zeit verfliegt! / Wie schnell die Zeit vergeht!

Lerne bei Verben der Fortbewegung mit, ob sie bestimmt oder unbestimmt sind.

§ 36 Preisangaben

W Du weißt, dass nach den Zahlwörtern **2**, **3**, **4** das Substantiv im Genitiv steht (§ 26). Das trifft auch auf das Wort **рубль** *Rubel* zu.

NEU Du lernst jetzt, wie man Preise in Rubel und Euro angibt.

Ру́чка сто́ит 31 **рубль** / **оди́н** **е́вро**.	Der Füller kostet 31 Rubel / einen Euro.
Схе́ма метро́ сто́ит 32 **рубля́** / два **е́вро**.	Der U-Bahn-Plan kostet 32 Rubel / zwei Euro.
Матрёшка сто́ит 60 **рубле́й** / 8 **е́вро**.	Die Matrjoschka kostet 60 Rubel / 8 Euro.

R2 Die Frage nach dem Preis lautet: **Ско́лько сто́ит … / стоя́т …?** *Wie viel kostet … / kosten …?* Darauf antwortet man mit **рубль** / **рубля́** / **рубле́й** bzw. mit dem unveränderlichen Wort **е́вро**. Die jeweilige Form von **рубль** richtet sich nach dem vorausgehenden Zahlwort.

⚠ Das Wort **е́вро** ist maskulin (**он**) und undeklinierbar.

Nicht verwechseln: **стои́т** *steht*, aber: **сто́ит** *kostet*
стоя́т *stehen* **сто́ят** *kosten*

§ 37 Die Wiedergabe von *nicht sein* (Präsens)

NEU Du lernst nun, wie man ausdrückt, dass jemand oder etwas nicht da ist, fehlt oder es etwas nicht gibt.

В шко́ле Лу́каса **нет** медкабине́та.	In Lukas' Schule gibt es kein Erste-Hilfe-Zimmer.
Ни́ны и И́горя сего́дня **нет** в кла́ссе.	Nina und Igor fehlen heute in der Klasse.

R3 Dass jemand/etwas fehlt, nicht anwesend oder nicht vorhanden ist, wird ausgedrückt durch: **нет** + Substantiv oder Pronomen im **Genitiv**.

§ 38 Das Demonstrativpronomen э́тот im Nominativ (Singular und Plural) sowie im Genitiv und Präpositiv (Singular)

W Du weißt, dass **э́тот** *dieser* auf etwas Näherstehendes (oder zuletzt Genanntes) hinweist.

NEU Du lernst, welche Endungen das Demonstrativpronomen **э́тот** im Nominativ, Genitiv und Präpositiv Singular sowie im Nominativ Plural hat.

Э́тот учени́к лю́бит петь.	Э́та студе́нтка игра́ет на гита́ре.
У э́того ученика́ нет бра́та.	Э́то но́ты э́той студе́нтки?
Что ты зна́ешь об э́том ученике́?	Об э́той студе́нтке да́же пи́шут газе́ты.
Э́ти ученики́ – о́чень хоро́шие ученики́.	Э́ти студе́нтки из Москвы́.

R4 Das Demonstrativpronomen **э́тот**, **э́то**, **э́та**, **э́ти** stimmt mit dem Beziehungswort in **Genus**, **Numerus** und **Kasus** überein. Der Nominativ Plural heißt für alle Genus **э́ти**. Das Demonstrativpronomen wird im Nominativ wie ein **Substantiv**, in den anderen Kasus wie ein **Adjektiv** (§ 34) dekliniert.

	maskulin		neutral	feminin
Fragewort?	како́й?		како́е?	кака́я?
Nom	э́тот		э́то	э́та
Gen		э́того[1]		э́той
Dat		э́тому		э́той
Akk	Nom[2]/Gen[3]		э́то	э́ту (!)
Instr		э́тим (!)		э́той
Präp		(об) э́том		(об) э́той

[1] Aussprache des г in ого wie [в] [2] unbelebt [3] belebt

⚠ **Э́то** kannst du auch ohne Substantiv als Subjekt oder Objekt verwenden.
Das Pronomen wird dabei nach Genus und Numerus nicht verändert, z. B.
Э́то мне (не) нра́вится. Das gefällt mir (nicht).
Э́то (не) хорошо́. Das ist (nicht) gut.

Präge dir die Deklinationsformen von **э́тот** zusammen mit denen von **но́вый** ein.

Всё поня́тно?

1 Ordne die Verben der Fortbewegung in eine Tabelle mit den Spalten „bestimmt“ und „unbestimmt“ in alphabetischer Reihenfolge und konjugiere sie.

2 Ergänze **а)** идти́ oder ходи́ть und **б)** е́хать oder е́здить.
– Куда́ ты (1), Та́ня?
– Я (2) в библиоте́ку. А ты куда́ (3), Са́ша?
– Я (4) на дискоте́ку.
– Ты ча́сто (5) на дискоте́ку?
– Да, ча́сто, я о́чень люблю́ (6) на дискоте́ку.

3 Frage deinen Gesprächspartner und antworte auf dessen Fragen.
а) Ты лю́бишь ✈?
б) Куда́ ты сего́дня ✈?
в) Ты ча́сто ✈ в …?
г) Ско́лько вре́мени ты ✈ от … в …?

4 Идти́ oder ходи́ть? Finde passende Bildunterschriften.

5 **а)** Frage nach den Preisen der abgebildeten Waren. **б)** Sage, was die Waren kosten.

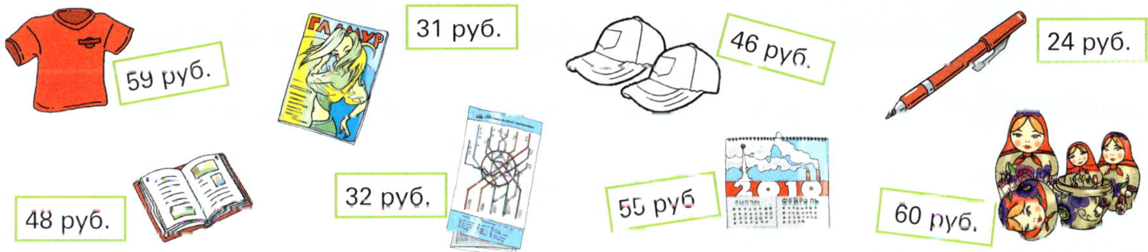

6 Du möchtest aus deinem Wohnort wegziehen. Begründe deinen Wunsch: Здесь нет …
а) шко́ла **б)** бути́к **в)** теа́тр **г)** са́дик **д)** кино́ **е)** рестора́н **ж)** дискоте́ка **з)** библиоте́ка **и)** кафе́ **к)** стадио́н

7 Du suchst bestimmte Gebäude in Moskau. Vergewissere dich, ob du die Auskunft verstanden hast.
➤ Где нахо́дится теа́тр? (у́лица) На э́той у́лице?

а) Где мы живём? (шко́ла)
б) Где мы спим? (зал)
в) Где нахо́дится кино́? (дом)
г) Где нахо́дится кио́ск? (у́лица)
д) Где нахо́дится собо́р? (недалеко́ от музе́я)
е) Где нахо́дится библиоте́ка? (недалеко́ от шко́лы)

▶ Die Lösungen findest du auf Seite 39.

Пра́здники

§ 39 Die Ordnungszahlen 11–31

W Du kennst die russischen Ordnungszahlwörter 1–10 (§ 16) und weißt, dass sie wie Adjektive dekliniert werden (§ 34).

NEU Jetzt lernst du die Ordnungszahlen 11–31 kennen.

11 оди́ннадцатый, -ая, -ое	**16** шестна́дцатый	**21** два́дцать пе́рвый, -ая, -ое
12 двена́дцатый	**17** семна́дцатый	**22** два́дцать второ́й, -а́я, -о́е
13 трина́дцатый	**18** восемна́дцатый	**23** два́дцать тре́тий, -ья, -ье
14 четы́рнадцатый	**19** девятна́дцатый	**30** тридца́тый, -ая, -ое
15 пятна́дцатый	**20** двадца́тый	**31** три́дцать пе́рвый, -ая, -ое

в оди́ннадцат**ом** кла́сс**е**, в двадца́т**ой** шко́л**е**, у три́дцать пе́рв**ого** окна́

R 1 Die Ordnungszahlen 11–20 und 30 bildet man, indem man das **-ь** am Ende der Grundzahlen durch die entsprechende **Adjektivendung** ersetzt. Bei **mehrgliedrigen** Zahlen ab 21 wird nur das **letzte Glied** durch ein **Ordnungszahlwort** ausgedrückt. Ordnungszahlen stimmen mit ihrem Beziehungswort in **Genus**, **Numerus** und **Kasus** überein. Sie werden wie Adjektive dekliniert (§ 34). Anders als im Deutschen setzt man im Russischen bei Ordnungszahlen hinter Ziffern keinen Punkt.

⚠ Beachte die abweichende Betonung bei оди́ннадцатый, четы́рнадцатый, двадца́тый, тридца́тый.

⚠ Beim Schreiben der Ordnungszahl als Ziffer wird die Endung oft verkürzt angegeben, z. B. в 11-м (оди́ннадцат**ом**) кла́ссе, ученики́ 11-го (оди́ннадцат**ого**) кла́сса.

§ 40 Die Angabe des Datums

W Du kennst die russischen Ordnungszahlwörter 1–31 (§§ 16 und 39) und die russischen Monatsnamen.

NEU Du lernst jetzt, wie man nach dem Datum fragt und auf diese Frage antwortet.

Какóе (сегóдня) числó?	Der Wievielte ist (heute)?
Сегóдня вторóе мáрта.	Heute ist der 2. März.
… трúдцать пéрвое мáя.	… **der** 31. Mai.
Когдá …? Какóго числá …?	Wann …? Am Wievielten …?
Вторóго мáрта.	**Am** 2. März.
Трúдцать пéрвого мáя.	**Am** 31. Mai.

R2 Auf die Frage Как**óе** сегóдня числ**ó**? antwortet man mit der **sächlichen** Form des **Ordnungszahlwortes** im **Nominativ** und dem **Monatsnamen** im **Genitiv** (*wörtl.* z. B. *Heute ist der zweite Tag des März.*).
Auf die Frage Когдá …? oder Какóго числá …? verwendet man in der Antwort das **Ordnungszahlwort** und den **Monatsnamen** im **Genitiv**.

⚠ Die sächliche Form des Ordnungszahlwortes und der Genitiv des Monatsnamens beziehen sich auf das Wort числó *Zahl*, das aber weggelassen wird.

⚠ Beachte die Schreibweise des Datums in Briefen: 12 (ohne Punkt!) ноябрá 2012 г.

§ 41 Die Konjugation des Verbs хотéть (Präsens)

NEU Du lernst jetzt das **unregelmäßige** Verb **хотéть** *wollen*, das häufig mit dem Infinitiv eines anderen Verbs zusammen verwendet wird.

Úра **хóчет** игрáть на компьютере, а я **хочý** игрáть в футбóл.
Ira will Computer spielen, aber ich möchte Fußball spielen.

хотéть	wollen	я	хочý
		ты	хóчешь
		он/онá	хóчет

Den Plural wirst du zu einem späteren Zeitpunkt lernen.

R3 Das Verb хотéть wird im Singular nach der e-Konjugation konjugiert.

Lerne die Formen von **хотéть** auswendig. Du kannst sie oft verwenden.

§ 42 Der Gebrauch der Possessivpronomen его́, её, их

W Du kennst его́, её, их als Genitiv- und Akkusativformen der Personalpronomen он, она́, они́ (§ 24).

NEU Du lernst sie jetzt als Possessivpronomen der 3. Person gebrauchen.

Э́то Макси́м, а э́то **его́** брат Ди́ма.	Das ist Maxim und das ist **sein** Bruder Dima.
Э́то Ле́на, а э́то **её** сестра́ Та́ня.	Das ist Lena und das ist **ihre** Schwester Tanja.
Э́то Лукины́, а э́то **их** де́ти И́ра и Ве́ра.	Das sind Lukins und das sind **ihre** Kinder Ira und Wera.
И́ра говори́т с Ле́ной и **её** сестро́й.	Ira spricht mit Lena und **ihrer** (**deren**) Schwester.

R4 Die Possessivpronomen **его́** *sein(e)*, **её** *ihr(e)* und **их** *ihr(e)* sind **unveränderlich**. **Его́** bezieht sich auf **Maskulina** oder **Neutra**, **её** auf **Feminina** und **их** auf Substantive im **Plural**. Diese Possessivpronomen werden nur verwendet, wenn sie sich **nicht** auf das **Subjekt desselben Satzes** beziehen.

⚠ Anders als bei den Personalpronomen der 3. Person Singular und Plural wird bei den Possessivpronomen der 3. Person (его́, её, их) nach einer Präposition **kein н-** vorgeschaltet.

У **н**его́ есть моби́льник. Er hat ein Handy.
У **его́** дру́га нет моби́льника. Sein Freund hat kein Handy.

§ 43 Das flüchtige -o-, -ё- und -e- bei maskulinen Substantiven

NEU Du lernst nun Maskulina kennen, bei denen in den **deklinierten Formen** das **-o-**, **-ё-** oder **-e-** ausfällt. Zu dieser Gruppe gehören die meisten Substantive auf **-ок** und **-ец**.

пода́**рок**	Geschenk	два пода́**рк**а, к пода́**рк**у, на пода́**рк**е, пода́**рк**и
рису́**нок**	Zeichnung	три рису́**нк**а, к рису́**нк**у, на рису́**нк**е, рису́**нк**и
лёд	Eis	идти́ по **льд**у, лимона́д со **льд**ом, бале́т на **льд**у
день	Tag	два **дн**я, ко Д**н**ю кино́, с д**н**ём рожде́ния, **дн**и
о**те́ц**	Vater	брат о**тц**а́, у о**тц**а́, к о**тц**у́, с о**тц**о́м, об о**тц**е́, о**тц**ы́

⚠ Das **-o-**, **-ё-** bzw. **-e-** bleibt bei unbelebten Substantiven im Akkusativ Singular erhalten, da der Akkusativ mit dem Nominativ übereinstimmt.

Lerne bei Maskulina mit flüchtigen -o-, -ё- oder -e- immer den Genitiv mit.

§ 44 Die Bildung des Präteritums

W Du weißt, dass im Deutschen vergangene Handlungen und Vorgänge durch das Imperfekt, Perfekt oder Plusquamperfekt ausgedrückt werden können.

NEU Im Russischen gibt es nur die Vergangenheitsformen des **Präteritums**. Du lernst, wie man sie bildet.

быть сиде́ть говори́ть занима́ться	Ве́чером Марк был до́ма. Он сиде́л в Интерне́те и занима́лся литерату́рой. И́ра была́ у Ли́зы. Она́ говори́ла с Ли́зой. Они́ говори́ли о шко́ле и занима́лись матема́тикой.	Abends war Mark zu Hause. Er surfte im Internet und beschäftigte sich mit Literatur. Ira war bei Lisa. Sie sprach mit Lisa. Sie sprachen über die Schule und beschäftigten sich mit Mathematik.

R5 Das Präteritum der meisten Verben bildet man, indem man **-ть** vom Infinitiv abtrennt und durch **-л** *m*, **-ла** *f*, **-ло** *n* und **-ли** *Pl* ersetzt. Die jeweilige Form richtet sich nach **Genus** und **Numerus** des Beziehungsworts.

Infinitiv	Infinitivstamm	Maskulinum я, ты, он	Femininum я, ты, она́	Neutrum оно́	Plural мы, вы, они́
говори́**ть**	говори-	говори́**л**	говори́**ла**	говори́**ло**	говори́**ли**
бы**ть**	бы-	бы**л**	бы**ла́**	бы́**ло**	бы́**ли**
занима́**ть**ся	занима- ся/сь	занима́**л**ся	занима́**ла**сь	занима́**ло**сь	занима́**ли**сь

⚠ Wann du das Präteritum russischer Verben im Deutschen am treffendsten durch das Imperfekt, Perfekt oder Plusquamperfekt wiedergibst, hängt vom jeweiligen Sinnzusammenhang ab.

⚠ Beachte, wie das Präteritum von идти́ gebildet wird:
он **шёл**, она́ **шла**, мы **шли**, вы **шли**, они́ **шли**!

бы**л**, бы**ла́**, бы́**ло**, бы́**ли**
жи**л**, жи**ла́**, жи́**ло**, жи́**ли**
спа**л**, спа**ла́**, спа́**ло**, спа́**ли**

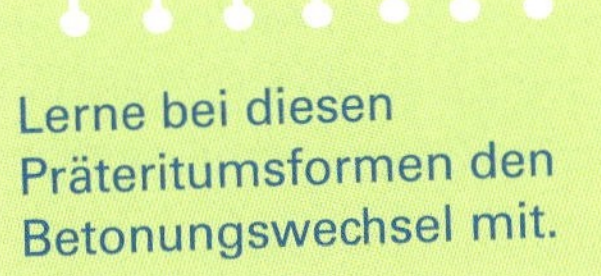

Всё поня́тно?

1 Übertrage die Angaben ins Heft. Schreibe die Ordnungszahlen aus.

а) 15-я у́лица **в)** 11-й класс **д)** 16-е зада́ние **ж)** на 35-м авто́бусе.
б) в 20-й шко́ле **г)** ученики́ 12-го кла́сса **е)** на 30-й неде́ле **з)** 14-го ма́я

2 Beantworte die Fragen. Schreibe die Zahlwörter als Wort.

а) Како́е сего́дня число́? **в)** Како́го числа́ – Же́нский день?
б) Когда́ у тебя́ день рожде́ния? **г)** Когда́ вы пра́зднуете Но́вый год?

3 Schreibe auf, wer in deiner Familie und deinem Freundeskreis was tun will.

Я		спать.
Моя́ сестра́		игра́ть с дру́гом.
Де́ти	хоте́ть	петь.
Ты		слу́шать му́зыку.
Вы		гуля́ть?
Мы		смотре́ть фильм?

4 Его́, её и́ли их? Допо́лни текст, где ну́жно (nötig).

а) На фо́то Соколо́вы. А вот де́ти.
б) Ле́на – однокла́ссница Макси́ма. Сестра́ – студе́нтка в Берли́не. А вот друг.
в) Алексе́й – студе́нт. Брат – журнали́ст.

5 **а)** Lies, was dein Brieffreund über seine Mutter schreibt. Э́то мы с ма́мой. Ма́му зову́т Мари́на. Ма́ме 32 го́да. У ма́мы есть брат и сестра́. Я о́чень люблю́ ма́му.
б) Schreibe deinem Brieffreund über deinen Vater (**оте́ц**). Orientiere dich am russischen Text in a).

6 Schreibe die Tabelle ab und ergänze die passenden Verbformen im Präteritum.

Infinitiv	он	она́	оно́	они́
быть до́ма				
лежа́ть на столе́				
занима́ться му́зыкой				

7 Кто говори́т и кто отвеча́ет: он и́ли она́?

а) У́тром я сиде́ла в ча́те с Ви́ктором. **в)** Ты был в шко́ле? Да, я там был.
б) Ве́чером я занима́лся в библиоте́ке. **г)** Ты смотре́ла фильм? Нет, я чита́ла.

8 Скажи́, кто где был.

а) я – у ба́бушки **в)** ты – в шко́ле **д)** моя́ сестра́ – в шко́ле
б) мы – в кино́ **г)** мой брат – на трениро́вке **е)** мои́ роди́тели – в теа́тре

9 **а)** Чита́й: И́ра отдыха́ет у ба́бушки. Она́ слу́шает му́зыку. Она́ гуля́ет по па́рку. Она́ мно́го занима́ется литерату́рой. Она́ ча́сто помога́ет ба́бушке. Они́ всегда́ вме́сте гото́вят обе́д. Де́душка ча́сто расска́зывает о Москве́.
б) Напиши́ об И́ре и о её де́душке в еме́йле. Э́то не тепе́рь и сего́дня, э́то уже́ бы́ло в ию́ле.

▶ Die Lösungen findest du auf Seite 39.

Урок 2

1 **а)** Э́то ты, Та́ня? **б)** Да, э́то я. **в)** А э́то ма́ма и па́па. **г)** Ма́ма – учи́тельница.
д) Па́па – учи́тель. **е)** Где вы? **ж)** Кто они́? **з)** Что там?
2 **а)** Ка́трин **б)** па́па **в)** ко́фе **г)** Ми́ша
3 **а)** три-два **б)** четы́ре-два **в)** оди́н-два **г)** шесть-три **д)** де́вять-во́семь
е) де́сять-пять **ж)** семь-семь **з)** пять-четы́ре
4 -**ы**: ка́рты, газе́ты, те́ксты, пробле́мы, компью́теры; -**а**: пи́сьма; -**и**: календари́, со́ки, рюкзаки́; кни́ги; –: ра́дио
5 1. Silbe: ма́ма, о́чень, э́то
2. Silbe: моро́женое, сосе́дка, футбо́л
3. Silbe: самова́р, сувени́ры, хорошо́
4. Silbe: Владивосто́к, Новосиби́рск
6 **а)** Как тебя́ зову́т? **б)** Ты Ви́ктор? **в)** Кто На́стя? **г)** Где И́ра? **д)** Э́то квас?
7 **а)** он, оно́, она́, он, он, она́, он, он, оно́
б) Кто вы? Где мы? Они́ то́же там? Где они́? Вы тури́сты? Они́ сосе́дки?

Урок 3

1 8 Infinitive: учи́ть, писа́ть, идти́, реша́ть, де́лать, помога́ть, чита́ть, говори́ть
2 **а)** говорю́ (и-Konjugation) **б)** чита́ю (e-Konjugation)
в) люблю́ (nur hier л-Einschub) **г)** рабо́тать (e-Konjugation)
3 чита́ть (siehe § 9), идти́ (siehe § 9), говори́ть (siehe § 11)
4 **а)** чита́ть: де́лать, ду́мать, знать, игра́ть, помога́ть, рабо́тать, реша́ть, отдыха́ть, слу́шать
б) говори́ть: стоя́ть
5 **а)** Я учу́ ру́сский язы́к. Я де́лаю уро́ки. Я сижу́ в Интерне́те. Я смотрю́ фильм. Я игра́ю в футбо́л. Я слу́шаю му́зыку. Я пишу́ письмо́.
б) Вы лю́бите футбо́л? Вы слу́шаете поп-му́зыку? Вы у́чите ру́сский язы́к? Вы помога́ете до́ма?
6 *Lösungsvorschlag:* Akkusativ: идти́ в (шко́лу), чита́ть (журна́л), слу́шать (му́зыку), люби́ть (футбо́л), идти́ на (конце́рт); Präpositiv: рабо́тать в (библиоте́ке), говори́ть (о шко́ле), писа́ть (о трениро́вке)
7 Ле́на лю́бит му́зыку. Она́ идёт на конце́рт. Конце́рт в теа́тре. Ири́на то́же на конце́рте. Ви́ктор идёт в спортза́л. В спортза́ле уже́ Макси́м.
8 *Individuelle Lösungen.*
9 Grundzahlwörter (siehe § 2), Ordnungszahlwörter (siehe § 16)
10 **а)** Куда́ она́ идёт? **б)** Что она́ де́лает? **в)** Что они́ лю́бят? **г)** О чём он говори́т?
11 **а)** 1. Я чита́ю не журна́л, а газе́ту.
2. Мы идём не в кино́, а на конце́рт.
3. Не Ли́за рабо́тает в библиоте́ке, а А́ня.
4. Они́ пи́шут не e-mail, а рефера́т.
б) 1. Я не чита́ю журна́л.
2. Мы не идём в кино́.
3. Ли́за не рабо́тает в библиоте́ке.
4. Они́ не пи́шут e-mail.

Урок 4

1 offizielle Anrede: Алекса́ндр, А́нна, Влади́мир, Еле́на, Ива́н, Серге́й, Татья́на
in der Familie/unter Freunden: Са́ша, А́ня, Воло́дя, Во́ва, Ле́на, Ва́ня, Серёжа, Та́ня
liebevolle Anrede: Са́шенька, Аню́та, Воло́денька, Во́вчик, Ле́ночка, Ваню́ша, Серёженька, Та́нечка

2 Großvater (д), Vater (б), Mutter (г), Tochter (в), Sohn (а)

3 **а)** *Lösungsvorschlag:* Э́то моя́ ма́ма. Э́то мой па́па. Э́то моя́ сестра́. Э́то мой брат.
б) 1. Э́то твоя́ су́мка? 2. Э́то твой пена́л? 3. Э́то твой каранда́ш? 4. Э́то твоя́ ру́чка? 5. Э́то твой уче́бник? 6. Э́то твоё фо́то? 7. Э́то твой ци́ркуль? 8. Э́то твоя́ лине́йка?

4 **а)** У меня́ есть газе́та. **в)** У меня́ есть письмо́. **д)** У тебя́ есть су́мка?
б) У тебя́ есть журна́л? **г)** У меня́ есть календа́рь. **е)** У тебя́ есть компью́тер?

5 **а)** Да (Нет), я ча́сто (не) помога́ю ей. **б)** Да (Нет), я (не) зна́ю его́. **в)** Да (Нет), я сейча́с (не) иду́ к ней. **г)** Да (Нет), косме́тика э́то (не) сувени́р для неё. **д)** Да (Нет), я (не) ча́сто звоню́ ему́. **е)** Да (Нет), э́то (не) далеко́ до него́.

6 **а)** У Ле́ны нет бра́та. **в)** У Ве́рочки нет компью́тера. **д)** У И́горя нет ци́ркуля.
б) У Макси́ма нет сестры́. **г)** У Ди́мы нет ко́шки. **е)** У И́ры нет ра́дио.

7 **а)** Ско́лько лет Ива́ну Ива́новичу Ивано́ву? – Ива́ну Ива́новичу Ивано́ву 59 лет.
б) … ма́ме? – Ма́ме 34 го́да. **в)** … па́пе? – Па́пе 37 лет. **г)** … А́нне? – А́нне 13 лет.
д) … Бори́су? – Бори́су 15 лет.

8 **а)** 2 часа́ 20 мину́т **б)** 5 часо́в 15 мину́т **в)** 13 часо́в 30 мину́т **г)** 14 часо́в две мину́ты
д) 19 часо́в 41 мину́та **е)** 20 часо́в 44 мину́ты **ж)** 21 час 45 мину́т **з)** 22 часа́ 3 мину́ты

Урок 5

1 **а)** Макси́м говори́т с Ири́ной. **б)** Ле́на говори́т с Та́ней. **в)** Ви́тя говори́т с Са́шей.
г) Ве́ра говори́т с И́горем. **д)** Ди́ма говори́т с бра́том. **е)** И́ра говори́т с сестро́й.
ж) Учи́тель говори́т с учени́цей. **з)** Тре́нер говори́т с Макси́мом.

2 **а)** Мне, пожа́луйста, чай с лимо́ном. **б)** … чай с са́харом. **в)** … чай с варе́ньем.
г) … ко́фе с са́харом. **д)** … кака́о с молоко́м. **е)** … борщ со смета́ной.
ж) … щи со смета́ной. **з)** … пельме́ни с ма́слом.

3 **а)** Чем ты занима́ешься в свобо́дное вре́мя? – Я занима́юсь му́зыкой.
б) Ма́ма и па́па то́же занима́ются му́зыкой? – Да (Нет), они́ то́же (не) занима́ются му́зыкой.
в) Кто в семье́ ещё занима́ется му́зыкой? – Мой брат то́же занима́ется му́зыкой.
г) Где вы занима́етесь? – Мы занима́емся до́ма.

4 **а)** Я (не) занима́юсь велоспо́ртом. **б)** Моя́ сестра́ (не) занима́ется му́зыкой.
в) Мои́ роди́тели (не) занима́ются волейбо́лом. **г)** Мы (не) занима́емся футбо́лом.
д) Ты (не) занима́ешься бале́том. **е)** Мой брат (не) занима́ется баскетбо́лом.

5 **а)** Кака́я больша́я/ма́ленькая матрёшка! **б)** Како́е большо́е/ма́ленькое я́блоко!
в) Како́й большо́й/ма́ленький календа́рь! **г)** Каки́е ма́ленькие де́ти!

6 **а)** Я (не) зна́ю инжене́ра, диза́йнера, музыка́нта, дру́га И́ры, Анто́на Серге́евича.
б) Я (не) люблю́ Макси́ма, Бори́са, бра́та, рэ́пера, тре́нера, Ши́ллера, Пу́шкина.

7 **а)** Кака́я? Кра́сная? Нет, зелёная. **б)** Каки́е? Жёлтые? Нет, голубы́е.
в) Како́е? Чёрное? Нет, бе́лое. **г)** В како́м? В жёлтом? Нет, в ро́зовом.
д) В како́й? В зелёной? Нет, в голубо́й.

8 **а)** У Та́ни нет кра́сной ю́бки. **б)** У Бори́са нет жёлтого ша́рфа.
в) У Анто́на нет чёрного пальто́. **г)** У учи́теля нет бе́лой ке́пки.
д) У учи́тельницы нет голу́бого сви́тера.

Урок 6

1 **а)** bestimmt: éхать, идти́, летéть **б)** unbestimmt: éздить, летáть, ходи́ть
2 **а)** 1. идёшь 2. иду́ 3. идёшь 4. иду́ 5. хóдишь 6. ходи́ть
б) 1. éдешь 2. éду 3. éдешь 4. éду 5. éздишь 6. éздить
3 **а)** летáть – … я (не) люблю́ летáть. **б)** лети́шь – Сегóдня я лечу́ в …
в) летáешь в … – Да (нет), я чáсто летáю в … **г)** лети́шь от … до … – Я лечу́ …
4 **а)** Ли́за ещё не хóдит. **б)** Мáша ужé хóдит. **в)** Бори́с идёт в шкóлу.
г) Кóля éдет на велосипéде в шкóлу.
5 **а)** Скóлько стóит футбóлка?
Скóлько стóит журнáл?
Скóлько стóят кéпки?
Скóлько стóит ру́чка?
Скóлько стóит кни́га?
Скóлько стóит схéма метрó?
Скóлько стóит календáрь?
Скóлько стóят матрёшки?
б) Футбóлка стóит 59 рублéй.
Журнáл стóит 31 рубль.
Кéпки стóят 46 рублéй.
Ру́чка стóит 24 рубля́.
Кни́га стóит 48 рублéй.
Схéма метрó стóит 32 рубля́.
Календáрь стóит 55 рублéй.
Матрёшки стóят 60 рублéй.
6 Здесь нет … **а)** шкóлы **б)** бути́ка **в)** теáтра **г)** сáдика **д)** кинó **е)** ресторáна
ж) дискотéки **з)** библиотéки **и)** кафé **к)** стадиóна.
7 **а)** В э́той шкóле? **б)** В э́том зáле? **в)** В э́том дóме? **г)** На э́той у́лице?
д) Недалекó от э́того музéя? **е)** Недалекó от э́той шкóлы?

Урок 7

1 **а)** пятнáдцатая у́лица **б)** в двадцáтой шкóле **в)** оди́ннадцатый класс
г) ученики́ двенáдцатого клáсса **д)** шестнáдцатое задáние **е)** на тридцáтой недéле
ж) на три́дцать пя́том автóбусе **з)** четы́рнадцатого мáя
2 **а)/б)** *Individuelle Lösungen.* **в)** Восьмóго мáрта. **г)** Пéрвого января́.
3 *Lösungsvorschlag:* Я хочу́ спать. Моя́ сестрá хóчет петь. Дéти хотя́т слу́шать му́зыку.
Ты хóчешь гуля́ть? Вы хоти́те смотрéть фильм? Мы хоти́м игрáть с дру́гом.
4 **а)** На фóто Соколóвы. А вот их дéти. **б)** Лéна – одноклáссница Макси́ма. Её сестрá – студéнтка в Берли́не. А вот её друг. **в)** Алексéй – студéнт. Егó брат – журнали́ст.
5 **б)** Э́то мы с отцóм. Отцá зову́т… Отцу́ … год/гóда/лет. У отцá есть …/нет …
Я óчень/не óчень люблю́ отцá.
6 **он**: был, лежáл, занимáлся; **онá**: былá, лежáла, занимáлась;
онó: бы́ло, лежáло; **они́**: бы́ли, лежáли, занимáлись
7 **он**: б), в); **онá**: а), г)
8 **а)** был/былá **б)** бы́ли **в)** был/былá **г)** был **д)** былá **е)** бы́ли
9 **б)** И́ра отдыхáла у дéдушки. Онá слу́шала му́зыку. Онá гуля́ла по пáрку. Онá мнóго занимáлась литерату́рой. Онá чáсто помогáла дéдушке. Они́ всегдá вмéсте готóвили обéд. Дéдушка чáсто расскáзывал о Москвé.

Du findest hier die Fachbegriffe, die im **Grammatischen Beiheft** verwendet werden sowie einige kursiv (*schräg*) gedruckte Wörter, deren Wiedergabe im Russischen Besonderheiten aufweist.
Die Tilde (~) ersetzt jeweils das fett gedruckte Stichwort.
Die Zahlen beziehen sich auf die Paragrafen (§) im **Grammatischen Beiheft**.